Vorwort

Es wird langsam wärmer, die ersten Sonnenstrahlen lassen sich erblicken. Die Lust auf ein erfrischendes Eis steigt.
Wenn man dann noch ein praktisches Thermomix Gerät daheim hat, steht einem genussreichen Tag nichts im Wege.
Dieses Buch wurde zwar für den Thermomix TM5 geschrieben, kann aber auch auf alle anderen Geräte abgewandelt werden.

Viel Spaß beim Nachzaubern.

Inhaltsverzeichnis

Kleine Einweisung

Bevor Sie mit der Zubereitung beginnen, lesen Sie bitte diese kurze Einweisung.

In meinen Rezepten gibt es oft Erwähnungen wie Sahne gefroren, Milch gefroren, Joghurt gefroren etc…
Damit meine ich, dass Sie diese Zutaten in kleineren Mengen zum Beispiel in eine Muffinform aus Silikon oder ähnlichen einfrieren. Es eignen sich auch Gefrierbeutel oder andere Behälter.

Wenn Sie Obst selber einfrieren, sollte es vorher gut gewaschen sein.
Ich wünsche Ihnen viel Spaß bei der Zubereitung.

Pralinen Eiscreme

Zutaten
100 g Pralinen nach Wahl
(2 Stunden ins Gefrierfach geben)
400 g Milch, gefroren
200 g Sahne
80 g Zucker
1 EL Rum

Zubereitung
Alle Zutaten in den Mixtopf geben. Auf Stufe 10 / 1
Minute zerkleinern. Mit dem Spatel nochmals alles nach
unten schieben und weitere 30 Sekunden / Stufe 10.
Das Eis kann sofort serviert werden.

Waffel Creme Eis

Zutaten
50 g Butter, gefroren
1 Pck. Vanillezucker
1 Fläschchen Vanille Backöl
200 g Sahne, gefroren
100 g Quark, gefroren
200 g Milch
1 Prise Zimt
150 g Zucker

Zubereitung
Alle Zutaten in den Mixtopf geben. Auf Stufe 10 / 1
Minute zerkleinern. Mit dem Spatel nochmals alles nach
unten schieben und weitere 30 Sekunden / Stufe 10.
Das Eis kann sofort serviert werden.

Pfirsich Traum

Zutaten
300 g Pfirsiche, gefroren
300 g Sahne, gefroren
200 g Orangensaft
120 g Zucker

Zubereitung
Alle Zutaten in den Mixtopf geben. Auf Stufe 10 / 1
Minute zerkleinern. Mit dem Spatel nochmals alles nach
unten schieben und weitere 30 Sekunden / Stufe 10.
Guten Appetit!

Darjeeling Tee Eis

Zutaten
200 g Sahne. Gefroren
500 g Milch, gefroren
200 g starker Darjeeling, gekühlt
100 g Honig
1 EL Zitronensaft
80 g Zucker

Zubereitung

Alle Zutaten außer der Schokolade in den Mixtopf geben. Auf Stufe 10 / 1 Minute zerkleinern. Mit dem Spatel nochmals alles nach unten schieben und weitere 30 Sekunden / Stufe 10. Nun die Schokolade hinzugeben und 6 Sekunden / Stufe 5.

Das Eis kann sofort serviert werden.

Johannisbeere Mascarpone Eis

Zutaten
300 g Johannisbeeren, gefroren
300 g Sahne, gefroren
300 g Mascarpone, gekühlt
120 g Zucker

Zubereitung
Alle Zutaten in den Mixtopf geben. Auf Stufe 10 / 1
Minute zerkleinern. Mit dem Spatel nochmals alles nach
unten schieben und weitere 30 Sekunden / Stufe 10.
Das Eis kann sofort serviert werden.

Heidelbeere Quark Eis

Zutaten
300 g Heidelbeeren, gefroren
400 g Quark, gefroren
200 g Buttermilch, gekühlt
140 g Zucker

Zubereitung
Alle Zutaten in den Mixtopf geben. Auf Stufe 10 / 1
Minute zerkleinern. Mit dem Spatel nochmals alles nach
unten schieben und weitere 30 Sekunden / Stufe 10.
Das Eis kann sofort serviert werden.

Zitronen Pfefferminz Eis

Zutaten
Saft von 2 Zitronen
500 g Joghurt, gefroren
1 Eiweiß
180 g Zucker
200 g starker Pfefferminztee,
abgekühlt

Zubereitung

Alle Zutaten in den Mixtopf geben. Auf Stufe 10 / 1
Minute zerkleinern. Mit dem Spatel nochmals alles nach
unten schieben und weitere 30 Sekunden / Stufe 10.
Das Eis kann sofort serviert werden.

Pistazien Eis

Zutaten
100 g Pistazien
500 g Milch, gefroren
200 g Sahne
120 g Zucker
50 g Amaretto

Zubereitung
Alle Zutaten in den Mixtopf geben. Auf Stufe 10 / 1
Minute zerkleinern. Mit dem Spatel nochmals alles nach
unten schieben und weitere 30 Sekunden / Stufe 10.
Das Eis kann sofort serviert werden.

Waldbeere Buttermilch Eis

Zutaten
300 g Waldbeeren
500 g Buttermilch, gefroren
180 g Zucker
200 g Buttermilch, gekühlt

Zubereitung
Alle Zutaten in den Mixtopf geben. Auf Stufe 10 / 1
Minute zerkleinern. Mit dem Spatel nochmals alles nach
unten schieben und weitere 30 Sekunden / Stufe 10.
Das Eis kann sofort serviert werden.

Schoko Mint Eis

Zutaten
100 g After Eight Schokolade, gefroren
400 g Sahne, gefroren
100 g Zucker
200 g Milch

Zubereitung
Alle Zutaten in den Mixtopf geben. Auf Stufe 10 / 1
Minute zerkleinern. Mit dem Spatel nochmals alles nach
unten schieben und weitere 30 Sekunden / Stufe 10.
Das Eis kann sofort serviert werden.

Pistazien weiße Schokoladen Eis

Zutaten
100 g Pistazien
100 g weiße Schokolade
400 g Milch, gefroren
200 g Sahne
80 g Zucker

Zubereitung
Alle Zutaten in den Mixtopf geben. Auf Stufe 10 / 1
Minute zerkleinern. Mit dem Spatel nochmals alles nach
unten schieben und weitere 30 Sekunden / Stufe 10.
Das Eis kann sofort serviert werden.

Veganes Mandel Eis

Zutaten
200 g Mandeln
500 g gefrorene Soja Milch
200 g Soja Sahne, gekühlt
120 g Zucker

Zubereitung
Alle Zutaten in den Mixtopf geben. Auf Stufe 10 / 1
Minute zerkleinern. Mit dem Spatel nochmals alles nach
unten schieben und weitere 30 Sekunden / Stufe 10.
Das Eis kann sofort serviert werden.

Stracciatella Eis

Zutaten
200 g Schokolade
500 g gefrorene Milch
300 g gefrorene Sahne
200 g Sahne, gekühlt
120 g Zucker
Mark einer Vanille Schote

Zubereitung
Alle Zutaten außer der Schokolade in den Mixtopf geben.
Auf Stufe 10 / 1 Minute zerkleinern. Mit dem Spatel
nochmals alles nach unten schieben und weitere 30
Sekunden / Stufe 10. Nun die Schokolade hinzugeben
und 6 Sekunden / Stufe 5.
Das Eis kann sofort serviert werden.

Mango Sorbet

Zutaten
500 g Mango, gefroren
300 g Orangensaft
1 Eiweiß
120 g Zucker

Zubereitung
Alle Zutaten in den Mixtopf geben. Auf Stufe 10 / 1
Minute zerkleinern. Mit dem Spatel nochmals alles nach
unten schieben und weitere 30 Sekunden / Stufe 10.
Das Eis kann sofort serviert werden.

Vanille Sahne Traum

Zutaten
Mark einer Vanilleschote
500 g Sahne, gefroren
150 g Zucker
200 g Milch

. Zubereitung

Alle Zutaten in den Mixtopf geben. Auf Stufe 10 / 1
Minute zerkleinern. Mit dem Spatel nochmals alles nach
unten schieben und weitere 30 Sekunden / Stufe 10.
Das Eis kann sofort serviert werden.

Himbeere Quark Verführung

Zutaten
500 g Quark, gefroren
300 g Himbeeren, gefroren
300 g Milch
120 g Zucker

Zutaten
500 g Mango, gefroren
300 g Orangensaft
1 Eiweiß
120 g Zucker

Zubereitung
Alle Zutaten in den Mixtopf geben. Auf Stufe 10 / 1
Minute zerkleinern. Mit dem Spatel nochmals alles nach
unten schieben und weitere 30 Sekunden / Stufe 10.
Das Eis kann sofort serviert werden.

Bananen Softeis

Zutaten
300 g Bananen, gefroren
160 g Zucker
3 Eiweiße

Zubereitung
Die Bananen in den Mixtopf geben und 30 Sekunden /
Stufe 10. Den Schmetterling einsetzen und die übrigen
Zutaten einwiegen. 4 Minuten auf Stufe 4. Guten Appetit!

Malaga Eis

Zutaten
400 g Sahne, gefroren
200 g Rumrosinen
2 EL Rum
160 g Zucker
150 g Milch

Zubereitung
Alle Zutaten außer Rumrosinen in den Mixtopf geben.
Auf Stufe 10 / 1 Minute zerkleinern. Mit dem Spatel
nochmals alles nach unten schieben und weitere 30
Sekunden / Stufe 10. Nun die Rumrosinen hinzugeben
und 5 Sekunden / Stufe 5.
Das Eis kann sofort serviert werden.

Erdbeere Buttermilch Eis

Zutaten
300 g Erdbeeren, gefroren
400 g Buttermilch, gefroren
180 g Zucker
200 g Buttermilch
1 Pck. Vanillezucker

Zubereitung
Alle Zutaten in den Mixtopf geben. Auf Stufe 10 / 1
Minute zerkleinern. Mit dem Spatel nochmals alles nach
unten schieben und weitere 30 Sekunden / Stufe 10.
Das Eis kann sofort serviert werden.

Brombeere Sahne Eis

Zutaten
500 g Brombeeren, gefroren
400 g Sahne, gefroren
200 g Milch
160 g Zucker

Zubereitung
Alle Zutaten in den Mixtopf geben. Auf Stufe 10 / 1
Minute zerkleinern. Mit dem Spatel nochmals alles nach
unten schieben und weitere 30 Sekunden / Stufe 10.
Das Eis kann sofort serviert werden.

Zimt Haselnuss Eis

Zutaten
400 g Sahne, gefroren
1 TL Zimt
220 g Zucker
100 g Haselnüsse
300 g Milch

Zubereitung
Alle Zutaten in den Mixtopf geben. Auf Stufe 10 / 1
Minute zerkleinern. Mit dem Spatel nochmals alles nach
unten schieben und weitere 30 Sekunden / Stufe 10.
Das Eis kann sofort serviert werden.

Nachtrag zum Impressum / Copyright

Herstellung und Verlag:
BoD - Books on Demand, Norderstedt
ISBN 978-3-7347-7532-1